EDITION HERDER

Frank O'Connor

IRISCHE KINDHEIT

Liebenswerte Erzählungen
von der grünen Insel

Mit Fotografien von
Karl-Heinz Raach

Herder Freiburg · Basel · Wien

Aus dem Englischen von Elisabeth Schnack

Band 9 der
Edition Herder
Zweite Auflage 1996

Gedruckt auf umweltfreundlichem,
chlorfrei gebleichtem Papier

Reproduktionen: Scan-Studio Hofmann GmbH, Freiburg
Herstellung: Freiburger Graphische Betriebe 1996
ISBN 3-451-23173-5

Inhalt

Mein Studium der Vergangenheit

♦

Die Entdeckung, wo die kleinen Kinder herkommen, brachte plötzlich Spannung in mein Leben. Natürlich nicht auf die Art, die man üblicherweise erwartet hätte. O nein! Wie mir scheint, habe ich niemals irgend etwas so gemacht wie jedes andere normale Kind. Ich entdeckte nämlich nur, wie faszinierend die Vergangenheit ist. Bis dahin hatte ich in einem Land meiner Träume gelebt, in dem es keine Vergangenheit gab, und die Heirat meiner Eltern hatte ich als ein Ereignis hingenommen, das der Schöpfer angeordnet hatte; doch als ich sie jetzt mit meiner neuen, wissenschaftlichen Methode unter die Lupe nahm, erkannte ich sie allmählich als einen der mancherlei Wendepunkte in der Vergangenheit und nichts sonst – als nur ein weiteres jener anscheinend trivialen Ereignisse, die nicht viel mehr als reine Zufälle sind, jedoch in ihrer Auswirkung die Geschicke der Menschheit zu ändern vermögen. Von Pascal hatte ich noch nichts gehört, doch seine Bemerkung, was sich wohl ereignet hätte, wenn Kleopatras Nase ein wenig länger gewesen wäre, hätte ich gutgeheißen.

Meine Einstellung zu meinen Eltern änderte sich dadurch sofort. Bis dahin waren sie nicht Charaktere, sondern Grundbegriffe gewesen, einer Gebirgskette vergleichbar, die einen grünen Horizont beherrscht. Plötzlich fällt ein kleiner Lichtstrahl, der hinter einer Wolke hervorbricht, auf sie nieder, und das ganze Massiv gliedert sich in Gipfel und Täler und Vorberge – man kann sogar weißgetünchte Bauernhäuser und Felder unterscheiden, wo die Leute im Abendschein arbeiten –, eine ganze Welt an Einblicken tut sich auf.

Mutters Vergangenheit bot für meine Studien das reichere Material. Es war erstaunlich, was für eine Vielfalt an Menschen und Schauplätzen im Leben der guten Frau eine Rolle gespielt hatte. Sie war eine Waise und hatte Stellungen als Zimmermädchen und Gesellschafterin und Handelsreisende innegehabt. Ein Gipser-Lehrling und ein französischer Küchenchef (der ihr übrigens beibrachte, wie man einen ausgezeichneten Kaffee kocht) und ein reicher, ältlicher Geschäftsinhaber in Sunday's Well hatten ihr Heiratsanträge gemacht. Weil ich mich gern als jemand Besonderes fühlte, dachte ich oft an den Küchenchef und die Vorteile, Franzose zu sein, jedoch der Geschäftsinhaber war in meiner Phantasie eine noch lebendigere Gestalt, denn er hatte eine andere geheiratet und war bald danach gestorben – vor Enttäuschung, das stand für mich fest – und hatte ein großes Vermögen hinterlassen. Das Vermögen war für mich das, was für Pascal die lange Nase Kleopatras war: der unumstößliche Beweis, daß alles hätte anders kommen können.

„Wieviel Vermögen hat Mr. Riordan besessen, Mummy?" fragte ich nachdenklich.

„Ach, es hieß, er hätte elftausend Pfund hinterlassen", erwiderte Mutter, „man kann aber nicht alles glauben, was die Leute reden."

Doch gerade das konnte ich tun. Ich war nicht gewillt, ein Vermögen zu unterschätzen, das ich um ein Haar geerbt hätte. „Hat dir denn der arme Mr. Riordan nie leid getan?" fragte ich streng.

„Ach, warum sollte er mir leid tun, Kind?" fragte sie achselzuckend. „Was nützt einem alles Geld, wenn man sich nicht gern hat?"

Das widersprach natürlich ganz und gar meiner Ansicht. Mein Herz war von Mitleid für den armen Riordan erfüllt, der versucht hatte, mein Vater zu werden, und so geringschätzig Mutter auch darüber sprach, mir wäre das Geld von großem Nutzen gewesen. Ich hatte Vater nicht so gern, um zu denken, er wäre elftausend Pfund wert – eine Summe, von der man sich kaum ein Bild machen konnte, die jedoch immerhin siebenundzwanzigmal so groß wie das größte mir bekannte Gehalt war – das eines Parlamentsmitglieds. Auch das gehörte zu den Entdeckungen, die ich damals machte: daß Mutter nicht nur ziemlich hartherzig, sondern obendrein sehr unpraktisch war.

Vater aber war die größte Überraschung. Er war ein grüblerischer, sorgenvoller Mann, der mich offenbar nicht richtig zu würdigen verstand und immer wollte, daß ich draußen spielte oder nach oben ging, um zu lesen, doch infolge meiner Studien veränderte er sich wie eine Figur aus einem Märchen. „Jetzt wollen wir mal von den Damen sprechen, die Daddy beinah geheiratet hätte“, sagte ich zum Beispiel, und er ließ alles liegen, was er gerade tat, und stimmte ein schallendes Gelächter an. „Oh-ho-ho!“ sagte er, schlug sich aufs Knie und warf Mutter einen verschmitzten Blick zu. „Darüber könnte man ein ganzes Buch schreiben!“ Sogar sein Gesicht veränderte sich dann. Er sah jung und mächtig übermütig aus. Mutters Gesicht dagegen verfinsterte sich.

„Sicher, das könnte man“, entgegnete sie und starrte ins Feuer. „Die Dämchen!“

„Der schönste Mann, der jemals durch Corks Straßen ging – das hat die eine von mir behauptet!“ fuhr Vater fort und blinzelte mir zu.

„Ja“, bestätigte Mutter verdrießlich. „May Cadogan war's!“

„Stimmt genau!“ rief Vater überrascht. „Wie konnte ich bloß ihren Namen vergessen? Ein wunderschönes Mädchen! Wirklich und wahrhaftig, ein ganz erstaunliches Mädchen! Noch immer, wie ich hörte!“

„Das soll sie wohl“, entgegnete Mutter angewidert. „Die mit ihren sechsen!“

„Ach, laß nur, die versteht's bestimmt, mit ihnen fertigzuwerden. Einen gescheiten Kopf hatte sie!“

„Hatte sie sicher! Vermutlich bindet sie ihre Gören an einen Laternenpfahl, während sie in der Kneipe sitzt und trinkt und klatscht.“

Das war auch so eine merkwürdige Sache mit der Vergangenheit. Vater und Mutter sprachen beide gern darüber, doch auf verschiedene Art. Mutter sprach nur darüber, wenn wir irgendwo im Park oder in der Schlucht unten waren, und selbst dann war es schwierig, sie auf Tatsachen festzunageln, denn ihr ganzes Gesicht leuchtete auf, und sie fing an, von Eselwagen oder von Konzerten in der Küche oder von Petroleumlampen zu erzählen, und wenn ich es auch heutzutage als Atmosphäre schätzen würde, machte es mich damals verrückt vor

Ungeduld. Vater dagegen war es einerlei, auch in ihrer Gegenwart darüber zu sprechen – sie aber ärgerte sich, vor allem, wenn er May Cadogan erwähnte. Er wußte es genau und zwinkerte mir dann zu, so daß ich vor Lachen laut herausplatzte, selbst wenn ich keine Ahnung hatte, weshalb ich lachte, und jedenfalls galt mein Mitgefühl nur ihr.

„Aber Daddy“, sagte ich zum Beispiel und nützte seine gute Laune aus, „wenn du May Cadogan so gern hattest, warum hast du sie dann nicht geheiratet?“

Und daraufhin tat er zu meiner größten Freude so, als stürze ich ihn in Zweifel und Kummer. Er steckte die Hände in die Hosentaschen und wanderte bis zur Flurtür. „Das war eine heikle Angelegenheit“, erwiderte er, ohne mich anzusehen. „Ich mußte nämlich an deine arme Mutter denken.“

„Als hätt ich dir deswegen Kummer gemacht!“ brauste Mutter auf.

„Die arme May hat’s mir selber gesagt“, fuhr er fort, als hätte er nichts gehört, „und die Tränen sind ihr nur so übers Gesicht gelaufen! „Mick“, hat sie gesagt, „das Mädchen mit dem braunen Haar bringt mich in ein frühes Grab!“

„Was die schon von Haar wußte!“ erwiderte Mutter achselzuckend. „Die mit ihrem karottenroten Schopf!“

„Noch nie hab ich so gelitten wie damals, als ich die Wahl zwischen beiden hatte“, sagte Vater tief bewegt und kehrte auf seinen Fensterplatz zurück.

„Ach je, ‘s ist zu schade um dich!“ rief Mutter erbost; sie stand plötzlich auf und ging mit ihrem Buch ins Vorderzimmer, auf der Flucht vor seiner Neckerei. Jedes Wort, das der gute Mann äußerte, nahm sie wörtlich. Vater aber pflegte dann begeistert herauszuplatzen; mit in den Nacken geworfenem Kopf und die Hände auf die Knie gestemmt, zwinkerte er mir wieder zu. Ich stimmte natürlich in sein Gelächter ein, und dann wurde mir kreuzelend zumute, weil ich es schrecklich fand, daß Mutter so allein im Vorderzimmer saß. Wenn ich zu ihr ging, sah ich sie in der Dämmerung in ihrem Korbstuhl am Fenster sitzen, wo sie, das aufgeschlagene Buch auf den Knien, auf den Square hinausstarrte. Bis sie dann mit mir sprach, hatte sie längst ihre Beherrschung wiedergefunden, doch ich hatte ein unheimliches Gefühl, sie könnte aufgebracht sein, und ich streichelte sie und redete beruhigend auf sie ein – als hätten wir die Plätze vertauscht und ich wäre der Erwachsene und sie das Kind.

Und wenn es mich schon aufregte, was die Vergangenheit für meine Eltern bedeutete, so regte es mich noch viel mehr auf, was sie für mich bedeutete. Ihre Möglichkeiten hatten sich in mir verdoppelt. Ich hätte dank Mutter auch ein französischer Junge namens Laurence Armady oder ein reicher Junge aus Sunday’s Well namens Laurence Riordan sein können. Dank Vater wäre ich zwar stets ein Delaney geblieben, aber ich hätte eins von den sechs Kindern der geheimnisvollen und wunderschönen Miss Cadogan sein können. Mich faszinierte die Frage, wer ich gewesen wäre, wenn ich nicht ich geworden wäre, und noch weit stärker interessierte mich die Frage, ob ich dann gewußt hätte, daß etwas in der Rollenverteilung nicht stimmte. Natürlich neigte ich dazu, Laurence Delaney als den Jungen zu betrachten, der ich hatte werden sollen, und deshalb mußte ich mir einfach den Kopf darüber zerbrechen, ob ich als Laurence Riordan um einen Laurence Delaney gewußt hätte und daß er eine wirkliche Lücke in meiner Zusammensetzung darstellte.

Ich erinnere mich, daß ich eines Nachmittags nach der Schule ganz allein den weiten Weg bis nach Sunday's Well hinaufging, das ich jetzt als eine Art zweites Zuhause betrachtete. Ein Weilchen stand ich am Gartentor des Hauses, in dem Mutter gearbeitet hatte, als Mr. Riordan ihr den Heiratsantrag machte, und dann ging ich weiter und begutachtete sein Geschäft. Es hatte bestimmt bessere Tage gesehen, denn die Schachteln und Plakate im Schaufenster waren staubig und zerdrückt. Es konnte sich nicht mit den großen Geschäften in der Patrick Street messen, doch in der Größe und Aufmachung stand es bestimmt auf einer weit höheren Stufe als ein Dorfladen. Ich bedauerte es, daß Mr. Riordan tot war, denn ich hätte ihn gern selbst gesehen, anstatt mich auf Mutters Eindrücke verlassen zu müssen, die mir nicht frei von Vorurteilen zu sein schienen. Da er gewissermaßen Mutters wegen vor Kummer gestorben

war, stellte ich ihn mir als einen wirklich netten Mann vor und übertrug auf ihn das Aussehen und die Manieren eines alten Herrn, der stets mit mir sprach, wenn er mir auf der Straße begegnete, und ich dachte, daß ich ihn als Vater mit der Zeit hätte richtig liebgewinnen können. Ich konnte es mir alles ausmalen: meine Mutter, die lesend im Wohnzimmer saß und darauf wartete, daß ich nach Sunday's Well heimkehrte – wie alle Jungen vom Gymnasium in Schülermütze und Sportjacke und mit einer teuren Ledermappe anstatt des alten Stoffbeutels, der mir jetzt über der Achsel hing. Ich konnte mich sehen, wie ich langsam und mit einer gewissen Vornehmheit weiterging, an den Gartentürchen stehenblieb und auf den Fluß hinunterblickte und später in einem von den großen Häusern, deren lange Gärten sich bis zum Fluß hinabsenkten, Tee trank und vielleicht mit einem Mädchen in einem rosa Kleid auf dem Fluß Kahn fuhr. Ich überlegte, ob ich wohl etwas von dem Jungen von der Volksschule mit dem Stoffbeutel gewußt hätte und wie er seinen Kopf zwischen die Gitterstäbe einer Gartenpforte zwängte und an mich dachte. Es war ein merkwürdiges Gefühl von Verlassenheit, das mich fast zu Tränen rührte.

Doch am meisten zog mich die Douglas Road an, wo Vaters Freundin Miss Cadogan wohnte, nur hieß sie jetzt nicht mehr Miss Cadogan, sondern Mrs. O'Brien. Natürlich konnte jemand, der Mrs. O'Brien hieß, die Phantasie nicht so reizen wie ein französischer Küchenchef oder ein ältlicher Ladeninhaber mit elftausend Pfund Vermögen, aber sie besaß dafür eine diesseitige Realität, die den andern beiden fehlte. Da ich regelmäßig zur Bibliothek an der Parnell Bridge ging, widerfuhr es mir recht häufig, daß ich in der Richtung der Douglas Road weiterschlenderte und stets vor der langen Häuserreihe stehenblieb, in der sie wohnte. Hohe Treppen führten zu den Häusern hinauf, und gegen Abend fiel der Sonnenschein kräftig auf die Fassaden, so daß sie wie Kamingitter funkelten. Eines Abends, als ich eine Schar Jungen beobachtete, die auf dem Fahrdamm Fußball spielten, packte mich die Neugier. Ich sprach den einen Jungen an. Da ich als Kind immer unnatürlich höflich und ernst war, jagte ich ihm wahrscheinlich einen gehörigen Schreck ein.

„Könntest du mir wohl bitte sagen, in welchem dieser Häuser Mrs. O'Brien wohnt?“ fragte ich ihn.

„Hei, Gussie!“ schrie er einem anderen Jungen zu. „Der hier will wissen, wo deine Alte wohnt!“

Es war mehr, als ich erwartet hatte. Ein magerer, hübscher Junge meines Alters löste sich aus der Gruppe der übrigen und ging mit geballten Fäusten auf mich los.

Mir war außerordentlich bange zumute, doch musterte ich ihn genau. Schließlich war er ja der Junge, der ich hätte sein können.

„Warum willst du das wissen?“ fragte er argwöhnisch.

Auch darauf war ich nicht gefaßt.

„Mein Vater war früher sehr befreundet mit deiner Mutter“, erklärte ich ihm umständlich, doch soweit es ihn betraf, hätte ich mich ebensogut einer Fremdsprache bedienen können. Es war klar, daß Gussie O'Brien keinen Sinn für die Vergangenheit hatte.

„Was?“ fragte er ungläubig.

Im gleichen Augenblick wurden wir von einer Frau unterbrochen, die mir schon vorher aufgefallen war und die über den Zaun zwischen zwei steilen Gärten mit einer andern Frau gesprochen hatte. Sie war klein und sah unordentlich aus, und manchmal schaukelte sie geistesabwesend den Kinderwagen, als erinnere sie sich nur hin und wieder dran.

„Was sagst du da, Gussie?“ rief sie und stellte sich auf die Zehenspitzen, um uns besser zu sehen.

„Ich möchte deine Mutter wirklich nicht stören, danke!“ sagte ich, schon beinah verrückt vor Angst, doch Gussie kam mir zuvor und zeigte tatsächlich mit dem Finger auf sie – eine Manier, die man mich als ungebildet zu betrachten gelehrt hatte.

„Der Junge will was von dir!“ grölte er.

„Eigentlich will ich gar nichts“, murmelte ich und wußte, daß ich jetzt in der Falle saß. Mit lachender, verwunderter Miene lief sie die steile Treppe hinunter und sprang ans Gartentor; sie hatte die Augen fast zusammengekniffen und griff sich mit der rechten Hand an den Hinterkopf, um ihr Haar zu ordnen. Es war nicht karottenrot, wie Mutter es bezeichnet hatte, obwohl rote Lichter darüber spielten, wenn sich die Sonne darin verfing.

„Was ist denn, mein Kleiner?“ fragte sie schmeichelnd und beugte sich vor.

„Ich wollte eigentlich gar nichts, danke“, antwortete ich erschrocken. „Es ist bloß – mein Daddy hat mir erzählt, daß Sie hier oben wohnen, und weil ich mir ein neues Buch in der Bibliothek holen mußte, hab ich gedacht, ich könnt ja mal raufkommen und fragen. Hier können Sie’s sehn“, fuhr ich fort und zeigte ihr als Beweis das Buch. „Ich wollte bloß in die Bibliothek gehn.“

„Aber wer ist denn dein Daddy, mein Kleiner?“ fragte sie, und ihre Augen waren noch immer vor Lachen zu schmalen grauen Schlitzen verzogen. „Wie heißt du?“

„Delaney“, antwortete ich. „Ich bin Larry Delaney.“

„Doch nicht Mike Delaneys Junge?“ rief sie überrascht.

„Nein, so was! Na, ich hätt’s mir denken können – bei dem dicken Kopf, den du hast!“ Sie fuhr mir mit der Hand über den Hinterkopf und lachte. „Wenn du dir das Haar hättest schneiden lassen, hätt’s nicht so lange gedauert, bis ich dich erkannt hätte. „Du hättest wohl nicht gedacht, daß ich noch weiß, wie sich der Kopf von deinem Alten anfühlt, was?“ fragte sie schelmisch.

„Nein, Mrs. O’Brien“, antwortete ich brav.

„Doch, das weiß ich genau, und noch viel mehr als

das“, fuhr sie im gleichen schelmischen Ton fort, wenn mir auch der Sinn ihrer Worte unverständlich war. „Ach, komm doch rein und laß dich mal richtig ansehen! Das war mein Ältester, der Gussie, mit dem du gesprochen hast“, schloß sie und nahm mich bei der Hand. Gussie schusselte hinter ihr her, warum, das sollte ich erst später merken.

„Ma-a-a-a, was'n das für'n Junge?“ kreischte ein dickes kleines Mädchen, das auf dem Bürgersteig ‚Himmel und Hölle‘ gespielt hatte.

„Das ist Larry Delaney“, trällerte Mrs. O'Brien nach rückwärts. Ich weiß nicht, was die Frau an sich hatte, aber durch ihre gute Laune wirkte sie wie ein ganzes Regiment von Frauen, und nicht bloß wie eine. Man hatte ein Gefühl, als müsse jedermann hinter ihr in Reih und Glied marschieren. „‘s ist der Sohn von Mike Delaney aus Barrackton. Ich hätte seinen Alten beinah mal geheiratet. Hat er dir das erzählt, Larry?“ fragte sie listig. Ihr Lächeln wechselte blitzschnell von strahlendem Frohsinn zu Vertraulichkeit, was ich sehr anziehend fand.

„Ja, Mrs. O'Brien“, antwortete ich und versuchte, genauso schelmisch wie sie zu sprechen, so daß sie ein begeistertes Lachen anstimmte und den roten Krauskopf in den Nacken warf.

„Oh, hört euch das an! Der alte Racker hat mich also nicht vergessen! Kannst ihm erzählen, daß ich ihn auch nicht vergessen habe. Und wenn ich ihn geheiratet hätte, wäre ich jetzt deine Mutter. Wär das nicht 'ne komische Geschichte? Wie würde ich dir als Mutter gefallen, Larry?“

„Sehr gut, Mrs. O'Brien“, antwortete ich liebenswürdig.

„Ach wo, das glaub ich dir nicht!“ rief sie, aber sie freute sich doch. Mir kam sie wie eine Frau vor, der man leicht eine Freude machen kann. „Dein Alter hat immer gesagt, deine Mutter ist ein Ausbund von Frau, und du bist, scheint's, ein Ausbund von Kind. Ach, und dabei bin ich selber gar nicht so übel“, schloß sie lachend, zuckte die Achseln und legte ihr lustiges Gesicht in lauter Lachfältchen.

In der Küche schnitt sie mir eine Scheibe Brot ab, bestrich sie dick mit Marmelade und gab mir einen Becher Milch. „Willst du auch was, Gussie?“ fragte sie scharf, als wüßte sie nur zu gut, wie die Antwort lauten würde. „Aideen“, sagte sie zu dem gräßlichen kleinen Mädchen, das uns ins Haus gefolgt war, „bist du nicht schon dick und häßlich genug? Mußt du unbedingt wie ein rundes Schweinchen aussehn? ‚Brotfresser‘ nennen wir sie“, wandte sie sich lächelnd an mich. „Du bist ein höflicher kleiner Junge, Larry, aber wer weiß, ob du noch so höflich wärst, wenn du mit der Rasselbande hier zu tun hättest. Ist das Buch für deine Mutter?“

„O nein, Mrs. O'Brien“, antwortete ich. „Es ist für mich.“

„Was? Kannst du wirklich so ein großes, dickes Buch

lesen?" fragte sie ungläubig, nahm es mir aus der Hand und sah verdutzt nach der Seitenzahl.

„Doch, doch, ja, das kann ich!"

„Ich glaub's dir nicht!" neckte sie mich. „Beweise es mir mal erst!"

Nichts hätte mir besser gepaßt, als das zu beweisen. Ich fand, daß ich als Vortragskünstler noch nie die gebührende Anerkennung gefunden hatte, deshalb stellte ich mich mitten in die Küche, räusperte mich und begann mit sehr viel Gefühl einen greulich komplizierten Abschnitt vorzulesen, wie man ihn zu jener Zeit den Kinderbüchern als Einleitung voranstellte. „An einem schönen Abend im Frühling, als die untergehende Sonne die blauen Gipfel mit ihren funkelnden Strahlen zu vergolden begann, ritt ein Reiter, den man an einer gewissen Gepflegtheit seiner Kleidung als Studenten erkennen konnte, langsam und vielleicht etwas niedergeschlagen seines Wegs..."

Ein Einleitungssatz, der so recht nach meinem Herzen war.

„Meine Güte nochmal!" unterbrach mich Mrs. O'Brien verblüfft. „Und mein Junge da ist ebenso alt wie du und kann kaum richtig buchstabieren... Ich begreif's, daß du nicht unten in die Bibliothek gehst, du Hohlkopf!... 's ist genug, Larry!" rief sie hastig, als ich fortfahren wollte, sie noch weiterhin zu unterhalten.

„Wer will schon so'n verdrehten alten Kram lesen!" sagte Gussie verächtlich.

Nachher nahm er mich mit nach oben und zeigte mir sein Luftgewehr und seine Modellflugzeuge. Jede Einzelheit seines Zimmers steht mir noch klar vor Augen: der Blick auf den Hintergarten, wo Gussie in einem Dickicht von Unkraut und Gestrüpp sein Zelt aufgeschlagen hatte (ein sehr ungünstiger Platz für ein Zelt, wie ich ihm geduldig klarmachte, wegen der wilden Bestien); die drei ungemachten Kinderbetten, die bekritzelten Wände – und Mrs. O'Briens Stimme, die von der Küche heraufdrang, als sie Aideen nachzuschauen befahl, was dem Baby fehlte, das sich draußen im Kinderwagen vor der Haustür die Seele aus dem Leibe schrie. Vor allem Gussie interessierte mich riesig. Er war verwöhnt und gescheit und nachlässig, ein hübscher Kerl mit den feinen, klaren Gesichtszügen seiner Mutter, und lustig und berechnend. Ich merkte es, als ich mich verabschiedete und seine Mutter mir ein Sixpencestück schenkte. Natürlich lehnte ich höflich ab, aber sie steckte mir das Geldstück in die Hosentasche, und Gussie zerrte ungestüm an ihrem Rock und verlangte auch etwas für sich.

„Wenn du ihm was gibst, mußt du mir auch was geben!" schrie er gellend.

„Ich werd dir gleich was geben", lachte sie, „hintendrauf!"

„Och, gib mir doch wenigstens 'n Penny!" bettelte er, und sie tat es – um ihn loszuwerden, wie sie sagte. Dann folgte er mir auf die Straße und schlug vor, wir sollten in einen Laden gehen und Bonbons kaufen. Ich war zwar leichtgläubig, aber ich war kein gänzlich vernagelter Dummkopf und wußte, wenn ich mit Gussie in den Laden ginge, hätte ich keine Sixpence mehr und nur sehr wenig Bonbons. Deshalb erklärte ich ihm, ich dürfte nicht ohne die Erlaubnis meiner Mutter Süßigkeiten kaufen, woraufhin er mich restlos aufgab – als Waschlappen oder was Schlimmeres.

Es war ein anstrengender Nachmittag gewesen, jedoch ein sehr lehrreicher. In der Dämmerung kehrte ich langsam über die Brücke heim, ein bißchen neidisch auf Gussies muntere, kunterbunte Familie, aber auch voll neuer Anerkennung meines eigenen Elternhauses. Als ich eintrat, brannte die Lampe über dem Kamin, und Vater saß schon beim Abendbrot.

„Wo bist du bloß so lange geblieben, Kind?" fragte Mutter mit besorgter Miene, und plötzlich fühlte ich mich ein wenig schuldbewußt, und wie immer, wenn ich etwas angestellt hatte, spielte ich mich auf, laut und übertreibend, wie ein Erwachsener. Mit der Mütze in der Hand stand ich mitten in der Küche und zeigte damit zuerst auf meinen Vater und dann auf meine Mutter.

„Ihr werdet's mir nicht glauben, wen ich getroffen habe!" rief ich theatralisch.

„*Wisha,* wen denn, Kind?" fragte Mutter.

„Miss Cadogan", antwortete ich, legte meine Mütze umständlich auf einen Stuhl und wandte mich wieder an beide. „Miss Cadogan. Die jetzt Mrs. O'Brien heißt."

VANISHING

„Mrs. O'Brien?" rief Vater und stellte seine Tasse hin.

„Wo hast du denn die nur getroffen?"

„Ich hab's ja gesagt, ihr würdet mir nicht glauben! Es war in der Nähe von der Bibliothek. Ich hab mit ein paar Jungen gesprochen, und einer von ihnen war doch wahrhaftig Gussie O'Brien, der Sohn von Mrs. O'Brien! Und er hat mich mit nach Hause genommen, und seine Mutter hat mir Marmeladebrot vorgesetzt und mir das hier geschenkt." Mit richtigem Schwung zog ich das Sixpencestück aus der Tasche.

„Mich laust der Affe!" stieß Vater hervor, sah zuerst mich und dann Mutter an und brach schließlich in schallendes Gelächter aus.

„Und sie hat gesagt, daß sie sich auch an dich erinnert und dich schön grüßen läßt!"

„Da schlag doch einer lang hin!" krähte Vater und hieb sich mit den Händen auf die Knie. Ich sah es ihm an, daß er mir alles glaubte, was ich erzählt hatte, und daß er darüber begeistert war, aber ich konnte auch sehen, daß Mutter mir nicht glaubte und kein bißchen begeistert war. Das war natürlich stets der alte Kummer mit Mutter. Obwohl sie ihr möglichstes tat, um mir bei einem schwierigen Problem zu helfen, schien sie doch nie die Notwendigkeit von Experimenten einzusehen. Sie sagt kein Wörtchen, während Vater mich ausfragte, den Kopf schüttelte und sich alles genau merkte, um es den Männern in der Fabrik zu erzählen. Was ihm am meisten gefiel, war die Tatsache, daß Mrs. O'Brien sich noch an seine Kopfform erinnerte, und später, als Mutter gerade nicht in der Küche war, ertappte ich ihn dabei, wie er in den Spiegel blickte und sich mit der Hand über den Hinterkopf fuhr.

Doch ich wußte auch, daß ich zum erstenmal im Leben meine Mutter in Unruhe versetzt hatte, wie es sonst nur Vater tat, und mir war elend und schuldbewußt zumute, und ich begriff nicht, warum. Das war eine Seite des Studiums der Vergangenheit, mit der ich mich erst später beschäftigte.

In der Nacht konnte ich so recht meiner neuen Leidenschaft frönen. Endlich hatte ich Material, mit dem es sich arbeiten ließ. Ich sah mich als Gussie O'Brien, im Schlafzimmer stehend und auf mein Zelt im Garten hinunterblickend, und ich sah Aideen als meine Schwester und Mrs. O'Brien als meine Mutter, und wie Pascal schuf ich eine andere Vergangenheit. Ich erinnerte mich an Mrs. O'Briens Lachen, an ihr Schelten und an die Art, wie sie mir den Kopf streichelte. Ich wußte, daß sie freundlich war (zeitweise) und daß sie auch hitzköpfig war, und ich begriff, daß ich im Umgang mit ihr wohl selbst ein anderer Mensch hätte sein müssen. Daß ich im Lesen gut war, würde ihr nie genügen. Sie würde mich fast zwingen, so zu sein, wie Gussie war: schmeichlerisch und frech und anspruchsvoll. Sie war, obwohl ich es nicht mit den gleichen Worten hätte ausdrücken können, eine Frau von der Art, die einen zwingt, mit ihr zu flirten.

Als ich genug hatte, ging ich ganz bewußt daran, mich wieder zu beruhigen, wie ich es immer tat, wenn ich mich in Ängste hineingesteigert und mir vorgemacht hatte, ein Einbrecher sei im Haus oder eine wilde Bestie versuche durchs Mansardenfenster einzudringen. Ich faltete die Hände über der Brust, blickte zum Mansardenfenster auf und sagte mir:

„So ist es ja gar nicht! Ich bin nicht Gussie O'Brien! Ich bin Larry Delaney, und Mary Delaney ist meine Mutter, und wir wohnen am Wellington Square Nummer acht. Morgen gehe ich ins ‚Kreuz' zur Schule, und zuerst wird gebetet, und dann haben wir Algebra, und danach Aufsatz."

Zum erstenmal funktionierte die Zauberformel nicht. Ich hatte zwar aufgehört, Gussie zu sein, doch irgendwie war ich nicht wieder ich selbst geworden – nicht das Selbst, das ich kannte. Es war, als stellte meine Identität eine Art Sack dar, in dem ich leben mußte und aus dem ich mich vorsätzlich herausgearbeitet hatte, und als könnte ich jetzt nicht wieder hineinfinden, weil ich dafür inzwischen zu groß geworden war. Ich versuchte es mit jedem erprobten Kniff, mich meiner selbst zu versichern. Ich versuchte es mit dem Abzählen, und dann betete ich, doch auch das Gebet schien anders zu sein und als passe es gar nicht mehr zu mir. Ich war fort, in der Mitte eines leeren Raums, und getrennt von Mutter und Elternhaus und allem, was beständig und vertraut war. Plötzlich merkte ich, daß ich weinte. Die Tür ging auf, und Mutter erschien zitternd in ihrem Nachthemd; das Haar fiel ihr ins Gesicht.

„Du schläfst ja nicht, Kind!“ sagte sie mit müder und klagender Stimme.

Ich schluchzte, und sie legte mir die Hand auf die Stirn.

„Sie ist heiß“, sagte sie. „Was fehlt dir?“

Ich konnte ihr nicht von dem Angsttraum erzählen, in den ich mich verloren hatte. Statt dessen nahm ich ihre Hand, und allmählich wich das Grauen, und ich wurde wieder ich selbst, schlüpfte zurück in die kleine Hülle meiner Identität und ließ die Unendlichkeit und all ihre Ängste hinter mir.

„Mummy“, sagte ich, „ich schwör's dir, daß ich nie jemand anders wollte als dich!“ ♦

Mein Ödipus-Komplex

♦

Vater war während des ganzen Krieges Soldat, deshalb sah ich ihn bis zu meinem fünften Lebensjahr nur sehr selten. Wenn er auf Urlaub nach Hause kam, schien er nicht weiter zu stören. Manchmal wachte ich nachts auf und sah im Kerzenlicht, wie eine große Gestalt sich über mich beugte und mich betrachtete. Oder ich hörte morgens, wie die Haustür ins Schloß fiel und seine genagelten Stiefel über die Pflastersteine der Gasse lärmten und sich entfernten. Vater kam und ging so geheimnisvoll wie Sankt Nikolaus. Eigentlich mochte ich seine kurzen Besuche recht gern, obwohl es sehr ungemütlich eng zwischen ihm und Mutter war, wenn ich frühmorgens in das große Bett kletterte. Er rauchte, und darum roch er so schön, und er rasierte sich – ein Vorgang, den zu beobachten ich nie müde wurde.

Mein Leben mit Mutter allein war friedlich und angenehm. Das Fenster meiner Dachstube sah nach Südosten, deshalb wachte ich schon beim ersten Morgengrauen auf, und mein Kopf war sofort berstend voll von Plänen. Nie schien das Leben so einfach, so angefüllt mit tausend Möglichkeiten wie gerade dann. Ich zog meine beiden Füße unter der Bettdecke hervor – sie hießen ‚Frau Links' und ‚Frau Rechts' – und erfand dramatische Auftritte, in denen sie die Tagesprobleme besprachen. Meistens redete ‚Frau Rechts'; ‚Frau Links' begnügte sich damit, kräftig zu nicken (weil ich sie nicht so gut unter Kontrolle hatte). Sie berieten, was Mutter und ich den Tag über tun sollten, was Sankt Nikolaus zu Weihnachten bringen würde oder was man zur Verschönerung des Heims tun konnte. Da war zum Beispiel die Sache mit dem Baby, über das ich immer verschiedener Meinung mit Mutter war. Unser Haus war das einzige in der kleinen Straße, in dem es kein Baby gab, und Mutter sagte, wir könnten uns keins leisten, weil Vater im Krieg sei, sie kosteten sechzehn Shilling sechs, und das käme zu teuer. Doch darüber konnte ‚Frau Rechts' nur den Kopf schütteln, denn die Geneys am Ende der Gasse hatten ein Baby, und die hatten bestimmt nicht sechzehn Shilling sechs übrig.

Wenn ich so meine Pläne für die allernächste Zukunft festgelegt hatte, stand ich auf, rückte einen Stuhl unter das Mansardenfenster und schob es ein wenig hoch, so daß ich über die Dächer der Stadt schauen konnte. Danach ging ich ins Schlafzimmer meiner Mutter, kletterte zu ihr ins Bett und erzählte ihr meine Pläne. Inzwischen war ich vor Kälte fast zum Eiszapfen erstarrt. Sobald ich wieder aufgetaut war, schlief ich über meinem Geplauder ein und wachte erst auf, wenn Mutter unten in der Küche schon Feuer anzündete und das Frühstück zurechtmachte. Nachher gingen wir in die Stadt, kauften ein, beteten in der Kirche für Vater und machten am Nachmittag, wenn das Wetter schön war, Spaziergänge über Land. Abends im Bett betete ich wieder für Vater, damit er gesund aus dem Kriege käme. Ich ahnte ja nicht, was ich damit tat!

Eines Morgens, als ich in das große Bett stieg, war Vater wieder über Nacht wie ein Sankt Nikolaus erschienen. Aber anstatt dann seine Uniform anzulegen, zog er sich einen guten blauen Anzug an, und Mutter war schrecklich froh. Ich verstand gar nicht, warum sie so froh war, denn ohne seine Uniform sah er wie ein ganz gewöhnlicher Mann aus. Doch sie strahlte und sagte, daß unsere Gebete erhört worden seien.

Als er mittags nach Haus kam, zog er die Stiefel aus und die Pantoffeln an, schlug die Beine übereinander und sprach sehr ernst mit meiner Mutter, die ein besorgtes Gesicht machte. Natürlich gefiel mir das gar nicht, daß sie besorgt aussah, denn sie war dann nicht mehr so schön. Also unterbrach ich ihn.

„Warte, Larry“, sagte sie sanft.

Das sagte sie immer, wenn langweilige Besucher da waren, deshalb bekümmerte ich mich nicht groß darum und redete weiter.

„Larry“, sagte sie ärgerlich, „sei still, ich rede mit Pappi!“

Es war das erste Mal, daß ich diese schrecklichen Worte hörte: „Ich rede mit Pappi.“

„Warum redest du mit Pappi?“ fragte ich so gleichgültig ich nur konnte.

„Pappi und ich müssen etwas Geschäftliches besprechen. Störe uns jetzt nicht mehr!“

Ich fand, es sei höchste Zeit, mit Gegengebeten anzufangen, um Vater so schnell wie möglich wieder in den Krieg zu schicken.

Am Nachmittag ging er auf Mutters Bitte hin mit mir spazieren, und zwar, anstatt aufs Land, in die Stadt. In meiner gutgläubigen Art dachte ich, daß sei entschieden ein Fortschritt. Aber ich merkte bald, daß Vater und ich verschiedener Ansicht waren darüber, was ein Spaziergang durch die Stadt bedeutete. Für ihn bedeutete es nicht, Straßenbahnen und Schiffe und Pferde anzuschauen, und wenn ich ihn zum Stehenbleiben bringen wollte, ging er einfach weiter und zog mich an der Hand nach.

Wenn er aber stehenblieb, dann dauerte es eine Ewigkeit, und immer sprach er mit seinen alten Freunden, die mich nicht im geringsten interessierten. Es war, als ob man mit einem Berg spazieren ginge. Entweder achtete er überhaupt nicht auf mein Ziehen und Zerren, oder er sah wie von einem Kirchturm auf mich herunter und lachte. Noch nie war ich einem Menschen begegnet, der immer nur so an sich selbst dachte wie mein Vater.

Beim Nachmittagstee fing es wieder an, das ‚Gerede mit Pappi'. Doch war's nun noch komplizierter, weil Vater eine Zeitung hatte und sie alle fünf Minuten sinken ließ, um Mutter etwas daraus zu erzählen. Das war wirklich kein ehrlicher Wettbewerb um Mutters Aufmerksamkeit: mir hörte sie sonst genausogut zu – aber wenn man die Sachen fix und fertig aus einer Zeitung vorlas – was ich nicht konnte... Ich versuchte immer wieder, das Gespräch auf etwas anderes zu bringen, aber umsonst.

„Du mußt still sein, wenn Vater liest, Larry", sagte Mutter ungeduldig.

Entweder unterhielt sie sich wirklich lieber mit Vater als mit mir, oder er hatte irgendwie Macht über sie, und sie getraute sich nicht, zu tun, was sie gern wollte. Ich nahm an, daß es das letztere war.

Und was dann am nächsten Morgen geschah, bestärkte noch meinen Verdacht. Ich wachte munter und ver-

gnügt zur gleichen Zeit wie immer auf und hatte zuerst eine lange Unterhaltung mit meinen beiden Füßen. ‚Frau Rechts' sprach von all dem Kummer, den sie mit ihrem Vater hatte, und ‚Frau Links' bedauerte sie tüchtig. Dann holte ich meinen Stuhl und steckte den Kopf aus dem Mansardenfenster, wie ein Forschungsreisender, der zum erstenmal das neu entdeckte Land erblickt. Ich platzte förmlich vor Ideen, ging ins Schlafzimmer nebenan und kletterte in das große Bett.

Ich hatte Vater vollkommen vergessen, und nun saß ich da und überlegte, was ich mit ihm anfangen sollte: er nahm noch mehr Platz als sonst ein, und ich hatte es gar nicht bequem. Ich knuffte ihn also ein paarmal, und er brummte und streckte sich und machte tatsächlich Platz. Ich kuschelte mich zufrieden in das warme Bett und rief laut: „Mammi..."

„Still, Kindchen", flüsterte sie, „weck Pappi nicht auf!"

Das war ja etwas ganz Neues! Wenn ich morgens nicht mehr erzählen durfte, wie sollte ich denn da Ordnung schaffen in meinem Kopf?

„Warum?" fragte ich.

„Pappi ist müde!"

Das ist doch kein Grund! dachte ich und fuhr fort: „Mammi, weißt du, wohin ich heute mit dir gehen möchte?"

„Nein, Kind", seufzte sie.

„Crowleys Gasse hinunter und ins Tal, und da fische ich dir Wasserläufer, und..."

„Weck Pappi nicht auf!“ zischte sie und legte mir die Hand auf den Mund.

Aber Pappi war wach, beinahe wenigstens. Er brummte, drehte sich um und sah auf seine Uhr. Er blinzelte ungläubig.

„Soll ich dir eine Tasse Tee bringen, Liebchen?“ fragte Mutter so zart und leise, wie ich sie noch nie hatte sprechen hören.

„Tee?“ rief Vater entrüstet, „du weißt wohl nicht, wieviel Uhr es ist? Fünf!“

„Mammi!“ rief ich.

„Geh sofort in dein Bett, Larry!“ sagte Mutter streng.

Ich fing an zu weinen, aber leise. Vater sagte gar nichts. Er zündete sich die Pfeife an, guckte ins halbdunkle Zimmer und beachtete uns nicht. Ich wußte, daß er wütend war. Und dabei war alles so ungerecht! Immer, wenn ich zu Mutter gesagt hatte, es sei unnötig, zwei Betten zu haben, und wir könnten die ganze Nacht in einem Bett schlafen, hatte sie geantwortet, daß es gesünder in zwei Betten sei. Und nun kam dieser Mann hier, dieser fremde Mensch, und schlief die ganze Nacht in ihrem Bett, ohne im geringsten an die Gesundheit zu denken! Er stand auf, machte Tee und brachte Mutter eine Tasse. Mir nicht.

„Mammi“, rief ich, „ich möchte auch eine Tasse Tee!“

„Ja, Kind“, seufzte sie, „du kannst aus meiner Untertasse trinken.“

Ich wollte nicht aus ihrer Untertasse trinken. Ich wollte als Gleichberechtigter in meinem eigenen Heim behandelt werden und eine Tasse für mich allein haben. Also trank ich ihre Tasse aus und ließ ihr gar nichts übrig.

Als sie mich am Abend zu Bett brachte, bat sie mich freundlich, ihr etwas zu versprechen.

„Was?" sagte ich.

„Deinen armen Vater nicht schon am frühen Morgen zu stören."

„Warum?" fragte ich, denn mir schien alles verdächtig, was mit diesem unmöglichen Menschen zusammenhing.

„Weil Vater Sorgen hat."

„Warum?"

„Ach, du weißt doch, als Vater im Krieg war, bekamen wir Geld von der Post, und jetzt gibt's dort keins mehr, und Vater muß suchen, ob er anderswo Geld findet, sonst müssen wir betteln gehen wie die arme Frau, die freitags immer das Geldstück bekommt. Und das möchtest du doch wohl nicht?"

Nein, das mochte ich nicht. Wenn der Mann Geld suchen mußte, so war's eine ernste Angelegenheit. Ich faßte also die besten Vorsätze. Mutter legte all meine Spielsachen rings um mein Bett, und als ich aufwachte, sah ich sie, und mein Versprechen fiel mir ein, und ich spielte – stundenlang, wie es mir schien. Dann holte ich den Stuhl und sah aus dem Mansardenfenster, auch stundenlang. Es war langweilig, und es war kalt. Schließlich konnte ich es nicht länger aushalten und ging ins andere Zimmer.

Meine Mutter wachte erschrocken auf: „Larry, du mußt entweder ganz still sein oder wieder in dein Bett gehen!“

„Mammi, ich finde es gesünder, wenn Vater auch ein eigenes Bett zum Schlafen hat!“

Das schien sie stutzig zu machen, aber sie antwortete nicht.

Zornig gab ich Vater, ohne daß sie es merkte, einen Knuff. Er stöhnte und riß entsetzt die Augen auf: „Was ist? Wieviel Uhr?“

„Es ist nur das Kind“, sagte sie beruhigend. „Siehst du, Larry, du mußt jetzt wieder in dein Bett gehen!“

Als sie mich auf den Arm nehmen wollte, schrie und strampelte ich. Vater fing an zu schimpfen: „Das verdammte Kind! Schläft wohl überhaupt nie?“

„Es ist ja nur eine Angewohnheit, Liebchen“, sagte sie.

„Höchste Zeit, daß er sie aufgibt!“ schrie Vater und sah uns mit bösen schwarzen Augen an. Ich machte mich frei, rannte in eine Ecke und heulte laut.

„Halt den Mund, du Strick!“ rief Vater zornig.

So hatte noch nie jemand mit mir gesprochen. Da hatte ich also immer für ihn gebetet, und dabei war er mein schlimmster Feind. „Halt du selber den Mund!“ schrie ich.

„Was?“ rief Vater und sprang aus dem Bett.

„Michael“, rief Mutter, „ich bitte dich, daß Kind ist noch nicht an dich gewöhnt!“

„Er muß Prügel bekommen“, rief Vater.

„Selber, selber, selber!“ schrie ich ganz verzweifelt.

Da verlor er die Geduld und schlug mich. Gar nicht schlimm – aber die Ungerechtigkeit, von einem Fremden geschlagen zu werden, der sich in unser Heim und in Mutters Bett geschlichen hatte, machte mich vollkommen verrückt. Er sah mich an wie ein Riese, der mich ermorden wollte. Auf einmal begriff ich, daß er neidisch auf mich war.

Von dem Tag an war das Leben die reinste Hölle. Vater und ich verkehrten kühl und höflich miteinander. Ich konnte immer noch nicht verstehen, weshalb Mutter ihn so gern hatte. Er war in jeder Beziehung weniger nett als ich. Oft benützte er häßliche Wörter, und seinen Tee trank er auch nicht immer leise. Eine Weile glaubte ich, ihre Liebe zu ihm käme daher, weil sie sich für Zeitungen interessierte. Also dachte ich mir auch Neuigkeiten aus und tat so, als läse ich sie ihr vor. Aber es machte ihr nicht viel Eindruck. Ich steckte mir seine Pfeife in den Mund und wanderte so durchs Haus. Ich schlürfte sogar beim Teetrinken, aber sie verbot es mir nur. Der einzige Ausweg schien der zu sein, recht schnell zu wachsen und sie ihm dann wegzunehmen.

Eines Abends, als er besonders abscheulich war, immerzu mit ihr sprach und mich nicht beachtete, unterbrach ich ihn ganz ruhig:

„Mammi, wenn ich groß bin, heirate ich dich!“

„Ja, mein Herzchen“, antwortete sie freundlich. Aber Vater legte die Zeitung hin und lachte laut heraus.

„Ja“, sagte ich voll Verachtung, „und Kinder werden wir auch haben.“

„Weißt du, Larry“, sagte sie, „vielleicht werden wir schon ganz bald eins haben, dann hast du einen Spielkameraden.“

Darüber freute ich mich mächtig, obwohl eigentlich kein Grund dazu vorhanden war, wie sich allmählich herausstellte. Mutter war oft bedrückt, vermutlich, weil sie die sechzehn Schilling sechs für das Baby auftreiben mußte. Mit den Spaziergängen hörte es ganz auf. Sie wurde schrecklich nervös und gab mir Klapse für rein gar nichts. Oft dachte ich: Hätte ich sie doch nie auf die Idee mit dem Baby gebracht!

Und dann war es da – und ich konnte es von Anfang an nicht leiden. Ein schwieriges Kind, das dauernd alle Aufmerksamkeit beanspruchte. Mutter tat sehr töricht mit ihm. Sie merkte nie, daß es nur Theater machte. Und als Spielkamerad war es natürlich hoffnungslos.

Jetzt hieß es nicht mehr: „Wecke Vater nicht auf!“ sondern: „Wecke Brüderchen nicht auf!“

Als Vater eines Abends von der Arbeit nach Hause kam, spielte ich im Garten Eisenbahn. Ich drehte mich nicht um. Ich sagte nur laut vor mich hin: „Wenn mir noch ein verdammtes Baby ins Haus kommt, dann gehe ich weg!“ Ich duckte mich und dachte, nun würde Vater mir eine Ohrfeige geben. Aber er stand lange still und sagte gar nichts, und dann ging er ins Haus. Von dem Augenblick an verstanden Vater und ich uns anscheinend etwas besser.

Mutter war nämlich furchtbar in ihrem Getue mit dem Baby. Sogar während der Mahlzeiten stand sie auf, schaute in seine Wiege, lächelte es wie verrückt an und bat Vater, auch zu kommen. Vater hob den Kopf ein wenig und sah unsicher hin, als verstünde er nicht, was die Frau wollte. Wenn er sich beklagte, daß das Baby die ganze Nacht brüllte, wurde Mutter ärgerlich und sagte, daß es niemals weine, nur wenn ihm etwas fehle. Das bewies, wie töricht die gute Frau war, denn dem Baby fehlte nie etwas, es tat sich bloß wichtig. Da war Vater doch klüger – wenn er auch nicht hübsch war. Er durchschaute das Baby ohne weiteres.

Und eines Nachts wachte ich dann auf und spürte etwas Warmes neben mir im Bett. Ich bekam Herzklopfen vor Freude, weil ich dachte, es sei Mutter. Da hörte ich, wie das Baby nebenan jammerte, und wie Mutter leise zu ihm sagte: „Ja, ja, ja, mein Babylein!"

Sie war es also nicht. Sondern Vater. Er lag neben mir, atmete laut und war hellwach. Anscheinend war er teufelswild. Allmählich begriff ich, warum. Jetzt war er an der Reihe. Erst hatte er mich aus dem großen Bett verjagt, und nun war er selbst weggejagt worden. Mutter bekümmerte sich um niemanden mehr als um das ekelhafte Baby, und Vater und ich, wir mußten darunter leiden. Ich war schon mit fünf Jahren sehr großherzig: Rachsucht lag mir einfach nicht. Also streichelte ich ihn leise und sagte wie Mammi: „Ja, ja, ja, Pappi!"

Er war nicht gerade dankbar. „Hallo?" rief er scharf.

„Bist du denn wach?"

„Nimm mich in den Arm!" bat ich, und er tat es, so gut er's konnte. Er war nichts als Knochen, der Mann, aber immerhin war es besser als gar nichts. Ich kuschelte mich an ihn und schlief ein. Zu Weihnachten strengte er sich mächtig an und kaufte mir eine phantastisch schöne Eisenbahn. Denn seit jener Nacht war's mit den bitteren Gefühlen zwischen uns vorbei. ♦

Das Opferlamm

♦

Der ganze Spaß begann damit, daß Mr. Dooley starb. Mr. Dooley war ein Geschäftsreisender, und zwei seiner Söhne waren bei den Dominikanern, also gehörte er eigentlich einer höheren Schicht an als wir, aber er war ein Mann, der sich gar zu gern selbst reden hörte, und da brauchte er nun nichts weiter zu tun, als die Straße zu überqueren, und schon stand er bei uns am Gartentor und erklärte meinem Vater, was in der Welt vor sich ging. Nach solchen Vorträgen kam mein Vater stets aufgeregt zu meiner Mutter in die Küche und sagte: „Weißt du, was mir Mr. Dooley gerade erzählt hat?“

Mein Vater war wirklich ganz verstört, als er von Mr. Dooleys Tod hörte, denn es war so unerwartet, und Mr. Dooley hatte ungefähr das gleiche Alter wie mein Vater – so etwas erweckt in einem Mann von reiferem Alter meistens eine gewisse nachdenkliche Stimmung –, und überdies hatte er ja nun niemand mehr, der ihn über Gott und die Welt aufklärte.

„Um halb drei am Curragh“, sagte mein Vater ernst und legte die Zeitung hin, in der er die Todesanzeige gelesen hatte.

„Aber hör mal, du wirst doch nicht zur Beerdigung gehen?“ fragte meine Mutter unruhig.

„Warum nicht?“ antwortete mein Vater und legte den Kopf in den Nacken. „Wir haben uns immer gut verstanden.“

„Ich finde“, sagte meine Mutter und bemühte sich, ihre Befürchtungen zu verbergen, „keiner kann mehr von dir verlangen, als daß du in die Kirche gehst. Wir kennen die Leute ja überhaupt nicht!“

„Und wenn wir an der Reihe wären“, erklärte mein Vater vorwurfsvoll, „dann wären wir froh und dankbar über jeden Leidtragenden – und behüt uns Gott vor allem Übel!“

Mein Vater war stets geneigt, wegen einer Beerdigung

einen halben Tagelohn zu opfern. Es war nicht gerade deshalb, weil er Beerdigungen besonders liebte, sondern weil er ein gewissenhafter Mann war, der alles tat, was er für seine Pflicht hielt und was er auch für sich persönlich erwartete. Falls es etwas gab, das ihn mit dem Gedanken an seinen Tod aussöhnen konnte, dann war es die Aussicht auf die öffentlichen Respektkundgebungen. Um aber andrerseits meiner Mutter gerecht zu werden: sie mißgönnte ihm nicht etwa den halben Tagelohn, wenn's auch mager genug bei uns zuging, sondern...

Meines Vaters große Schwäche war nämlich der Alkohol. Er konnte monatelang hintereinander ohne Alkohol leben, und während der Zeit war er der beste Mensch von der Welt. Er war humorvoll, gutmütig, fleißig und wochenlang so guter Laune, daß nie ein verdrießliches Wort über seine Lippen kam. Morgens war er der erste auf den Beinen und brachte meiner Mutter eine Tasse Tee ans Bett, und abends blieb er zu Hause und las die Zeitung, hielt sein Geld zusammen und kaufte sich einen neuen dunkelblauen Anzug oder eine schwarze Melone. Er lachte über die Dummheit andrer Männer, die ihr sauerverdientes Geld für Alkohol ausgaben, und manchmal, wenn er sonst nichts zu tun hatte, nahm er Bleistift und Papier und berechnete genau, wieviel er jede Woche dadurch ersparte, daß er Abstinenzler war.

Erst später begriff ich, daß das an sich schon ein schlechtes Zeichen war, ein Zeichen geistigen Hoch-

muts, weil er sich einbildete, besser als andre Männer zu sein. Sein Gefahrenpunkt jedoch lag anderswo: wenn er sich nämlich einen Tag freinahm, um zu feiern, und sich ein Glas genehmigte – und wenn's das harmloseste Lagerbier war –, um zu beweisen, daß er nicht hochnäsig war, sondern ein Gläschen trinken konnte, ohne gleich umzukippen. Aber dann war's eben aus mit ihm. Sobald er das erste Glas hinter sich hatte, fand er schon, er sei ein Schafskopf gewesen und müßte ein zweites Glas trinken, um die bittere Wahrheit zu vergessen, und dann ein drittes, um zu vergessen, daß er's nicht vergessen konnte. Und dann schwankte er sternhagelvoll nach Hause. Am folgenden Tag konnte er nicht auf

Arbeit gehen, weil er Schädelweh hatte, und innerhalb von vierzehn Tagen hatte er uns arm gesoffen und war verzweifelt. Wenn er erst einmal anfing, soff er sich durch alles hindurch, bis er bei der Küchenuhr angelangt war. Mutter und ich kannten alle Phasen und Anzeichen und hatten Angst vor einem Ausbruch. Beerdigungen waren von jeher eine Gefahr.

„Ich muß aber morgen zu Dunphys", sagte meine Mutter, „und den halben Tag reinemachen. Wer soll sich da um Paddy kümmern?"

„Ich werde mich um Paddy kümmern", sagte mein Vater herablassend. „Der Spaziergang wird ihm guttun."

Meiner Muter fielen keine andern Einwände ein, und sie widersetzte sich nicht länger, obwohl wir alle wußten, daß ich keinen brauchte, der sich um mich kümmerte, daß der Spaziergang mir nicht guttun würde und daß ich nur deshalb mitmachen sollte, um bei meinem Papa als eine Art Bremsklotz zu wirken. Als Bremsklotz hatte ich zwar nie etwas erreichen können, aber meine Mutter besaß einen rührenden Glauben an die Wirkung meiner Jugend und Unschuld.

Als ich am nächsten Tag von der Schule nach Hause kam, hatte Vater schon den Teekessel aufgesetzt und eine Mahlzeit vorbereitet. Da seine Kochkünste nicht über das Aufbrühen von Tee hinausgehen, verzichtete ich auf ein gekochtes Ei. Nachher gingen wir in die Kirche; mein Vater trug seinen besten blauen Sergeanzug und eine Melone, die mit einer ganz leisen Andeutung von

Unternehmungslust auf seinem kurzgeschorenen Kopf thronte. Zu seiner größten Genugtuung entdeckte er Peter Crowley unter den Leidtragenden. Peter war ebenfalls ein Anzeichen von Gefahr, wie ich aus gewissen Erfahrungen nach der Messe am Sonntag nur zu gut wußte: ein Geizkragen, wie meine Mutter sagte, der nur deshalb zu Beerdigungen ging, weil er auf einen Freitrunk hoffte. Mein Vater aber hatte etwas für ihn übrig, weil er ihn auch zu den törichten Menschen rechnete, die er in seinem geistigen Hochmut verachtete und bemitleidete.

Mein Vater war der Ansicht, daß es eine sehr schöne Beerdigung war. Er hatte alles gründlich studiert, noch ehe wir im Nachmittagssonnenschein dem Leichenwagen folgten. „Fünf Kutschen!“ stellte er sehr überrascht fest. „Fünf Kutschen und sechzehn geschlossene Wagen! Ein Ratsherr, zwei Stadträte, ein Dekan und eine Unmenge Priester! Meine Güte, eine so große Beerdigung hab ich nicht mehr gesehen, seit Willie Mack, der Kneipenwirt, begraben wurde – Gott sei ihm gnädig!“

„Ja, Dooley war ein sehr geachteter Mann“, sagte Peter.

„Als ob ich das nicht am besten weiß“, entgegnete mein Vater gereizt. „Der Mann war einer meiner besten Freunde! Zwei Abende vor seinem Tode hab ich mich noch mit ihm unterhalten. Aber ich hätte nie gedacht, daß er soviel Beziehungen hat!“

Mein Vater schritt so munter wie ein Junge aus und interessierte sich für alles, für die andern Leidtragenden und auch für die schönen Häuser der vornehmen Gegend, durch die der Leichenzug führte. Ich erkannte alle Gefahrensignale; sie hatten sich vollzählig eingestellt; ein sonniger Tag, eine schöne Beerdigung und vornehme Gesellschaft forderten die natürliche Eitelkeit und Leichtfertigkeit seines Charakters heraus. Mit einer Art von aufrichtigem Vergnügen stand er am Grabe des armen Mr. Dooley auf dem windigen Friedhof oben auf der Hügelkuppe – mit einem Gefühl erfüllter Pflicht und einer ungeheuren Erleichterung, daß, einerlei, wie sehr ihm Mr. Dooley an den langen Sommerabenden fehlen würde, immerhin er es war, dem Mr. Dooley fehlte – und nicht umgekehrt. Das war für einen Mann seines Alters weiß Gott ein Anlaß zum Feiern!

„Wir wollen uns verdrücken, ehe sie alle aufbrechen“, flüsterte er Crowley mit Verschwörermiene zu, sobald die Totengräber die ersten Schaufeln Erde in die Grube warfen. Und schon machte er sich davon und hüpfte wie ein Ziegenbock über ein Grab nach dem andern, bis er am Friedhofsportal anlangte.

Die Kutscher, die wahrscheinlich die gleichen Gefühle hegten, wenn sie auch nicht durch monatelange Enthaltsamkeit ebenso aufgepeitscht sein mochten, blickten ihm hoffnungsvoll entgegen.

„Sind sie bald fertig?“ schrie der eine.

„Bis aufs Schlußgebet ist alles vorbei!“ trompetete mein Vater mit vergnügter Stimme.

Ein paar hundert Meter vor der Kneipe überholten sie uns dann in Staubwolken, und mein Vater, der bei heißem Wetter Mühe mit den Füßen hatte, verdoppelte seinen Schritt und blickte besorgt hinter sich, um festzustellen, ob etwa schon der Hauptzug des Leichengefolges auf dem Hügelkamm erschien.

Als wir die Kneipe erreicht hatten, hielten draußen bereits die Kutschen, und zwei ernste Männer in Trauerkleidung trugen behutsam Gläser mit Braunbier und Wein herbei, um sie geheimnisvoll aussehenden weiblichen Händen zu überreichen, die sich sittsam hinter den zugezogenen Vorhängen der Trauerkutschen hervorstreckten. Im Schankraum waren nur die Kutscher und

ein paar alte, in große Umschlagtücher gehüllte Weiber. Ich fand, daß ich jetzt mit meiner Tätigkeit als Bremsklotz beginnen müßte, und zupfte meinen Vater am Rock:

„Pappi“, sagte ich, „können wir jetzt heimgehen?“

„In einer Minute!“ erwiderte er und strahlte mich an.

„Sicher bist du durstig vom weiten Weg. Wir wollen eine Flasche Limonade bestellen, und dann gehen wir.“

Das war Bestechung! Ich wußte es – aber als Kind hatte ich stets einen schwachen Charakter. Mein Vater bestellt zwei Glas Bier und eine Flasche Limonade. Ich goß mir die Flasche Limonade auf einen einzigen Zug in die Kehle. Nicht so mein Vater. Er hatte lange, entsagungsvolle Monate hinter sich. Jetzt holte er seine Pfeife hervor, blies hindurch, stopfte sie und zündete sie dann laut paffend an, wobei ihm die Augen fast aus dem Kopf quollen. Dann kehrte er seinem Glas Porter absichtlich den Rücken, stützte den Ellbogen in einer Weise auf die Bartheke, als müsse er dem Bier seine Verachtung bezeigen, wischte sich zimperlich die Tabakskrümel von den Händen und begann eine endlose Salbaderei über Beerdigungen, denen er in seinem Leben schon beigewohnt hatte. Die Kutschen fuhren weg, und Leidtragende aus dem Leichenzug strömten in die Kneipe, bis sie halb voll war.

„Papi“, sagte ich und zupfte ihn wieder am Rock, „können wir jetzt heimgehen?“

„Ach, Mutter kommt noch lange nicht nach Hause!“

sagte er und blickte freundlich auf mich herunter. „Lauf nur auf die Straße und spiel ein bißchen!“

Ich war stets über die Selbstverständlichkeit erstaunt, mit der die meisten Erwachsenen voraussetzen, ein Kind könnte ganz für sich allein auf einer wildfremden Straße spielen. Ich begann mich zu langweilen, wie schon so oft. Ich wußte, daß mein Vater es ohne weiteres fertigbrachte, bis zum Anbruch der Nacht hierzubleiben, während ich vor Müdigkeit und Hunger vor mich hinwimmerte. Ich wußte, daß ich ihn vielleicht stockbetrunken nach Hause bringen und durch die ganze Blarneygasse führen müßte, wo alle Frauen vor ihren Hütten saßen und sich zuriefen: „Mick Delaney ist wieder mal in Fahrt!“ Ich wußte, daß meine Mutter vor Sorge halb verrückt würde und daß mein Vater morgen nicht zur Arbeit gehen könnte – meine Mutter aber würde noch vor dem Ende der Woche mit der Küchenuhr unterm Umschlagtuch zum Pfandverleih laufen müssen. Die Leere einer Küche ohne Uhr stellte für mich einfach die unterste Stufe des Elends dar.

Nach der Limonade war ich noch durstig. Ich entdeckte, daß ich, wenn ich mich auf die Zehenspitzen stellte, meines Vaters Glas erreichen konnte, und plötzlich kam mir der Einfall, doch mal zu sehen, wie Porter überhaupt schmeckte. Er hatte seinem Glas den Rücken zugewandt, er würde also nichts merken. Ich holte das Glas herunter und nippte daran. Es schmeckte sehr schlecht, fand ich. Ich konnte mir nicht vorstellen, wel-

chen Genuß die Leute dabei empfanden, vor allem, wenn sie ebensogut Limonade haben konnten.

Mein Vater hatte sich's für einen recht gemütlichen Schwatz bequem gemacht. Ich hörte ihn sagen, daß eine Musikkapelle wesentlich zur feierlichen Stimmung einer Trauerfeier beitrüge. Er hielt die Hände wie eine Trompete vor den Mund und summte ein paar Takte aus Chopins Trauermarsch. Ich nahm einen größeren Schluck aus seinem Glas und merkte, daß Porter doch etwas für sich hatte. Ich geriet in eine köstlich gehobene und philosophische Stimmung. Mein Vater blies ein paar Takte aus Beethovens Trauermarsch. Es war eine nette Kneipe und eine nette Beerdigung, und sicher war auch der arme Mr. Dooley im Himmel über alles sehr zufrieden. Es tat mir leid, daß er keine Musikkapelle gehabt hatte, denn für Musik war auch ich sehr zu haben.

Was mich besonders für den Porter einnahm, war ein Gefühl der Leichtigkeit: man konnte gewissermaßen aus sich heraustreten und wie ein Cherub auf einer Wolke über sich schweben und sich selbst beobachten, wie man mit überkreuzten Füßen gegen die Bartheke lehnte und so tiefsinnige Gedanken wie die Erwachsenen dachte. Als ich das Glas geleert hatte, fiel es mir schwer, es auf die Theke zu stellen, die höher geworden zu sein schien. Die Schwermut übermannte mich wieder.

Dann sagte mein Vater mit frommem Tonfall: „Gott sei seiner Seele gnädig, einerlei, wo sie sein mag!“ und langte hinter sich und hob das Glas in die Höhe. Ungläubig hielt er inne und stierte ins Glas und dann auf die Leute in seiner nächsten Nähe. „Soso“, sagte er, als wollte er es noch als dummen Witz abtun, „wer hat sich denn da über mein Glas hergemacht?“

„*Erra*, kein Mensch hat sich an Ihrem Glas vergriffen, mein lieber Herr!“ rief eine von den in Umschlagtüchern steckenden Frauen mit beleidigter Miene. „Halten Sie uns etwa für Diebe?“

„Jemand hat’s hinter meinem Rücken ausgetrunken“, fauchte er und hielt es nicht länger für einen Witz.

„Wenn’s jemand getan hat, dann saß er näher bei Ihnen als wir“, sagte die alte Frau finster und warf einen argwöhnischen Blick auf mich, und im gleichen Augenblick ging meinem Vater die Wahrheit auf. Er beugte sich zu mir nieder, sah mich forschend an und schüttelte mich. „Was fehlt dir, mein Kleiner?“ fragte er besorgt.

Peter Crowley blickte mich ebenfalls an und griente.

„Ist doch nicht die Möglichkeit!“ rief er mit heiserer Stimme.

Es war aber doch möglich – und sogar Schlimmeres. Ich begann mich zu übergeben. Mein Vater sprang entsetzt zurück, weil er Angst hatte, ich könnte seinen neuen blauen Anzug besudeln, und dann machte er mir die Hoftür auf.

„Lauf! Lauf!“ rief er.

Ich sah die sonnenhelle Wand draußen, von der die Efeuranken niederhingen, und stürzte schnurstracks drauflos. Die Absicht war lobenswert, aber die Ausführung war leicht übertrieben, denn ich brauste einfach in die Mauer hinein und tat ihr anscheinend sehr weh, wie mir vorkam – nur mußte ich an anderes als an die Mauer denken. Mein Vater trat vorsichtig, und immer noch voller Sorge um seinen Anzug, hinter mich und hielt mir den Kopf, während ich mich erbrach.

„So ist’s recht!“ ermutigte er mich. „Wenn du das raus hast, wird’s dir wunderbar zumute sein.“

Aber es war mir nicht wunderbar zumute. Alles andere, nur nicht wunderbar. Ich stieß einen kläglichen Schmerzensschrei aus, als er mich in die Kneipe zurückbeförderte und neben die alten Weiber auf die Bank setzte. Mit beleidigter Miene rückten sie von mir ab. Sie

hatten es meinem Vater noch nicht verziehen, daß er sie verdächtigt hatte, sein Bier getrunken zu haben.

„Unglaublich, daß man arme, unglückliche Kinder solchen Männer anvertraut!“ schalt die eine. „Denen sollte die Polizei auf die Finger sehen!“

„Mick“, flüsterte der Wirt, der hinter der Theke hervorgekommen war, um noch mehr Sägemehl auf den Fußboden zu streuen, „das Kind darf eigentlich überhaupt nicht hier sein. Schaff ihn lieber rasch nach Hause, für den Fall, daß plötzlich ein Bobby auftaucht!“

„Barmherziger Himmel!“ rief mein Vater, rang stumm die Hände und verdrehte die Augen himmelwärts, was er stets machte, wenn er sich ernstlich sorgte. „Was wird seine Mutter sagen? ... Aber das“, fauchte er plötzlich, „das kommt davon, wenn die Frauen auf Arbeit gehn, anstatt zu Haus zu bleiben und sich um ihre Kinder zu kümmern... Sind die Wagen alle abgefahren, Bill?“

„Ja, die sind längst weg!“ antwortete der Wirt.

„Na gut“, stieß mein Vater grimmig hervor, „dann werd ich ihn also selbst nach Hause bringen.... Dich nehm ich nie mehr mit!“ schnauzte er mich an. „Da“, sagte er und reichte mir das bunte Taschentuch aus seiner Brusttasche, „binde dir das mal über dein Auge!“

Als ich mit dem Taschentuch gegen mein Gesicht stieß und das Blut sah, begriff ich, daß ich mich verletzt hatte, und stimmte ein lautes Geheul an.

„Scht! Scht! Scht!“ rief mein Vater ärgerlich und führte mich zur Tür hinaus. „Man könnte gerade meinen, du wärst abgestochen worden. Das ist doch nicht schlimm. Ich wasch dir's ab, wenn wir zu Hause sind."

„Tapfer, mein Kleiner!" redete mir Crowley zu, der mich am andern Arm führte. „Ist ja gleich wieder gut!"

Von der Wirkung des Porterbiers hatten die beiden Männer überhaupt keine Ahnung. Die frische Luft und die heiße Sonne setzten mir erst richtig zu, und ich torkelte betrunken zwischen ihnen hin und her, bis mein Vater wieder zu jammern begann:

„Ach, allmächtiger Gott! Und die ganzen Weiber vor der Haustür. Oha, oha, was für'n Pech, daß ich nicht an meine Arbeit gegangen bin... Halt dich aufrecht, Junge! Kannst du nicht gerade gehen?"

Ich konnte es nicht, obwohl ich genausogut wie er begriff, daß jede Frau in der Blarneygasse, vom Sonnenschein hervorgelockt, sich über ihre Halbtür lehnen oder auf der Schwelle sitzen würde und daß sie alle mit ihrem Klatsch aufhören würden, sobald sie das seltsame Bild gewahrten: zwei ältere Männer, nüchtern wie nur etwas, die einen betrunkenen kleinen Jungen mit einer dicken Beule über dem Auge nach Hause brachten! Mein Vater wurde hin und hergerissen zwischen dem schuldbewußten Drang, mich so rasch wie möglich nach Hause zu befördern, und dem nachbarlichen Bedürfnis, ihnen allen zu erklären, es sei nicht seine Schuld, daß ich mich in so einem Zustand befand. Schließlich blieb er vor der Hütte der alten Mrs. Roche stehen und erzählte das tragische Erlebnis. Ich lehnte mich unterdessen an die Hauswand und bohrte die Hände in die Hosentaschen. Auf der gegenüberliegenden Straßenseite standen ein paar alte Weiber. Ich mußte an den armen Mr. Dooley denken, der auf dem Curraghfriedhof in seinem kalten Grab lag und nie wieder in unsre Gasse kommen konnte, und leise begann ich eins von meines Vaters Lieblingsliedern zu summen:

„Für Mononia verloren und kalt nun im Grab, kehrt er nie nach Kincora zurück!"

„*Wisha,* das arme Kind!" rief Mrs. Roche belustigt. „Hat er nicht eine hübsche Stimme, der Kleine?"

„Scht, stille doch!" zischte mein Vater mich an und drohte mir mit dem Finger. Es wunderte mich, daß er sich nicht dankbar zeigte, da doch sein Lieblingslied so gut auf den heutigen Tag paßte. „Wir sind gleich zu Hause. Das letzte Stückchen kann ich dich tragen."

Aber wenn ich auch betrunken war, wollte ich nicht um die Welt wie ein Mädchen nach Hause getragen werden.

„Kannst du mich nicht in Ruhe lassen?" rief ich finster.

„Ich kann sehr gut laufen. Nur der Kopf tut mir weh, und ich muß mich ausruhen!"

„Ausruhen kannst du dich zu Hause im Bett", sagte er und bückte sich, um mich aufzuheben.

„Ih, zum Kuckuck, warum soll ich denn nach Hause?" rief ich böse und stieß ihn weg. „Kannst mich endlich in Frieden lassen, ja?"

Die alten Frauen auf der andern Seite der Straße fanden es anscheinend sehr drollig. Mich ärgerte der Ge-

danke, daß ein Junge keinen Tropfen trinken konnte, gleich mußte die ganze Nachbarschaft kommen und ihn verspotten.

„Über wen lacht ihr denn?“ schrie ich und ballte die Fäuste. „Laßt mich vorbei, sonst schlag ich euch euer Zifferblatt kaputt!“

Das fanden sie noch drolliger.

„Scht! Scht! Scht!“ schalt mein Vater und wollte mich an der Hand weiterzerren, da er es gar nicht mehr lustig fand. Mich hatte das Gekreisch der alten Weiber ganz wild gemacht, und ich stemmte meine Absätze in den Boden, aber er war stärker als ich.

„Laß mich!“ schrie ich. „Ich zeig's ihnen! Ich jage sie

alle ins Haus, da können sie sich ihre dreckigen Fratzen waschen!“

„Die ganze Nachbarschaft wird’s erfahren!“ jammerte mein Vater wieder. „O mein Gott, nie mehr, nie mehr – und wenn ich tausend Jahre alt werde!“

Als wir zu Haus anlangten, verzog sich Peter Crowley, denn der Boden wurde ihm zu heiß. Mein Vater zog mich aus und steckte mich ins Bett. Ich konnte nicht schlafen, so wirbelte mir der Kopf. Es war widerlich, und ich mußte wieder brechen. Mein Vater kam mit einem nassen Lappen und wischte es auf. Ich lag fiebrig da und hörte, wie er Brennholz zerkleinerte, um Feuer zu machen. Dann deckte er den Tisch. Plötzlich flog die Haustür auf und meine Mutter stürmte herein – nicht mehr die scheue, stille Frau, sondern eine wilde Furie.

„Was hast du mit dem Kind angestellt, Mick?“ schrie sie wie irre.

„Scht! Scht! Scht!“ begann er zu zischen und tanzte entsetzt von einem Fuß auf den andern, um zu verhüten, daß die Nachbarn es hörten. „Es fehlt ihm weiter gar nichts, er hat bloß ‘ne kleine Schmarre über dem Auge!“

„Eine Schmarre über dem Auge?“ wiederholte sie. „Und was fällt dir ein, dem armen, unglücklichen Jungen Bier einzutrichtern, damit ihr euch über ihn schieflachen könnt, du und dein dreckiger, ekelhafter Kumpan?“

„Aber so hör doch, Frau!“ rief er unwillig. „Ich hab ihm nichts zu trinken gegeben. Er hat sich’s selbst genommen, als ich ihm den Rücken zugekehrt hatte. Wofür hältst du mich eigentlich?"

„Gott verzeih dir!" rief sie bitter. „Jetzt weiß es die ganze Straße, was für einer du bist! Verschleuderst unsre sauer verdienten Pennies in denn Kneipen und bringst das Kind dazu, daß es genauso ein versoffener Eckensteher wird wie du!"

Dann flog sie ins Schlafzimmer und warf sich vor dem Bett in die Knie. Sie stöhnte, als sie die Beule über meinem Auge sah. Mein Vater erschien auf der Schwelle, hatte sich den Hut tief ins Gesicht gezogen und eine Miene aufgesetzt, die von lauter Bitterkeit und Selbstbemitleidung sprach.

„Das ist ja verdammt nett, so mit mir zu reden, nach allem, was ich durchgemacht habe!" greinte er. „Verdammt nett, mir vorzuwerfen, ich hätte getrunken. Wie, zum Teufel, kann ich wohl betrunken sein, wenn er mir alles wegsäuft? Du solltest lieber mich bemitlieden, wo mir der ganze Tag verdorben ist und die Nachbarschaft sich über mich lustig macht!"

Doch am nächsten Morgen, als er aufstand und mit seinem Handwerkszeug ruhig zu seiner Arbeitsstelle ging, warf sich meine Mutter über mich und küßte mich. Ich brauchte nicht in die Schule zu gehen, bis mein Auge besser wäre, sagte sie.

„Mein braves Lämmchen", rief sie mit leuchtenden Augen. „Gott sei Dank, daß du's getan hast! Du bist sein Schutzengel gewesen!" ♦

DIE ERSTE BEICHTE

♦

Es war ein Samstagnachmittag im Vorfrühling. Ein kleiner Junge, dessen Gesicht so aussah, als sei es gerade gründlich mit dem Seiflappen behandelt worden, ließ sich an der Hand seiner Schwester durch eine überfüllte Straße ziehen. Der kleine Junge zeigte ein auffallendes Widerstreben, weiterzugehen; er tat so, als interessiere er sich ungeheuer für die Schaufenster. In ebenso starkem Maße schien sich seine Schwester nicht dafür zu interessieren. Sie versuchte, ihn zur Eile anzutreiben: er leistete Widerstand. Als sie ihn weiterzerren wollte, begann er zu brüllen. Der Haß, mit dem sie ihn musterte, war beinahe teuflisch, doch als sie mit ihm sprach, waren ihre Worte und ihr Ton voller glühenden Mitgefühls.

„Oh je, Gott erbarm dich!" jammerte sie ihm kläglich wehleidig in die Ohren.

„Laß mich los!" rief er und stemmte die Absätze fest in den Bürgersteig. „Ich will nicht hin! Ich will nach Hause!"

„Aber du kannst doch nicht nach Hause, Jackie! Du mußt hin! Sonst kommt der Pfarrer zu uns und bringt den Stock mit!"

„Ist mir gleich! Ich will nicht hin!"

„O heiliges Herz Jesu, das ist aber furchtbar schade, daß du kein guter Junge bist! O Jackie, ich könnte weinen, wenn ich an dich denke! Was werden sie bloß alles mit dir anstellen, mein armer kleiner Jackie! Und all der Kummer, den du deiner armen alten Oma gemacht hast! Und wie du nicht bei ihr essen wolltest, und wie du mit den Schuhen gegen ihr Schienbein gehauen hast! Und wie du unter dem Tisch mit dem Brotmesser auf mich los bist! Vielleicht hört er dich überhaupt gar nicht an, Jackie? Vielleicht schickt er dich gleich zum Bischof! O Jackie, wenn du dich bloß an all deine Sünden erinnern kannst!"

Halb betäubt vor Angst, ließ sich Jackie weiter durch

die sonnigen Straßen bis dicht ans Tor des Kirchhofs führen. Es waren zwei grimmige eiserne Torflügel, und die Kirche war alt und langgestreckt, eine niedrige, eintönige Steinfront. Am Tor sträubte er sich wieder, aber es war schon zu spät. Sie schleifte ihn hinter sich her über den Kirchhof, und anstatt ihn noch länger mitleidig zu bedauern, womit sie ihn hatte ärgern wollen, kreischte sie jetzt triumphierend.

„Jetzt sitzt du in der Falle! Jetzt sitzt du in der Falle! Hoffentlich gibt er dir die Pennytenzlieder auf! Geschieht dir ganz recht, du freche kleine Pestbeule du!"

Jackie ließ alle Hoffnung fahren. In der alten Kirche waren keine bunten Glasfenster; es war kalt und dunkel und trübselig, und in der Stille pochten die Zweige an die hohen Fenster. Er ließ sich durch die überwölbte Stille führen, eine tiefe, verzauberte Stille, die innerhalb der alten Mauern gefroren zu sein schien und sie stützte und das hohe Holzdach auf den Schultern trug. Draußen auf der Straße – und doch Tausende von Meilen entfernt – näselte ein Straßensänger eine Ballade herunter.

Sie setzten sich neben den Beichtstuhl; Nora saß vor ihm, und vor ihr waren noch ein paar alte Frauen; nach einem Weilchen kam ein magerer Mann mit traurigem Gesicht und langem Haar und setzte sich neben Jackie. In der tiefen Stille, die durch das klagende Geplärr des Balladensängers noch besonders hervorgehoben wurde, konnte der kleine Junge das ‚Bs-bs-bs' einer Frauenstimme im Beichtstuhl und danach das heisere ‚Wa-wa-

wa‘ des Priesters unterscheiden. Dann ein hohles Poltern, das den Schluß der Beichte ankündigte, und da kam auch schon die Frau mit gesenktem Kopf und gefalteten Händen heraus, blickte weder nach rechts noch nach links und trippelte zum Altar, um ihr Bußgebet zu sprechen.

Es schien nur Sekunden zu dauern, bis Nora an der Reihe war und nach hervorgezischter Mahnung seinen Blicken entschwand. Nun war er ganz allein. Allein und der nächste, der drankam, allein und in Todesängsten vor dem Urteilsspruch. Er blickte auf den traurigen Mann: er starrte zur Decke auf und hatte die Hände zum Gebet verschränkt. Neben ihm hatte eine Frau in roter Bluse und schwarzem Umschlagtuch Platz genommen. Sie machte den Kopf frei, lockerte das Haar ein bißchen mit der Hand auf, strich es straff zurück, schlang es zu einem Knoten und steckte es sich mit gesenktem Kopf im Nacken fest. Nora erschien. Jackie stand auf und blickte sie mit einem Haß an, der durchaus unpassend für den Ort und den Anlaß war. Sie hatte die Hände über dem Magen gefaltet und die Augen sittsam niedergeschlagen; ihr Gesicht drückte innigste, verzückte Sammlung aus. Vollkommen vernichtet schlich er in das Kämmerchen, das sie für ihn offengelassen hatte, und zog hinter sich die Türe zu.

Er stand im Stockdunklen. Er sah weder den Priester noch sonst jemand. Und alles, was ihm über die Beichte gesagt worden war, purzelte in seinem Kopf durcheinander. Er kniete vor der Holzwand rechts und sagte: „Vater, vergib mir, ich habe gesündigt. Es ist meine erste Beichte." Nichts geschah. Er wiederholte es, lauter. Noch immer kam keine Antwort. Er wandte sich an die gegenüberliegende Wand, machte zuerst einen Knicks und begann dann den Zauberspruch zu sagen. Diesmal, meinte er, müsse bestimmt eine Antwort kommen. Daraufhin wiederholte er alles vor der dritten Wand, die ihm noch bleib, jedoch ohne Erfolg. Es war ihm zumute wie einem, der eine ihm nicht vertraute Maschine bedient und wahllos hier und dort einen Hebel probiert. Und schließlich kam ihm der Gedanke, Gott wisse alles. Gott wußte, daß er im Sinn hatte, eine falsche Beichte abzulegen, und deshalb machte er ihn blind und taub, so daß er den Priester nicht sehen und nicht hören konnte.

Allmählich gewöhnten sich seine Augen an die Dunkelheit, und er bemerkte etwas, das ihm vorher nicht aufgefallen war: etwa in gleicher Höhe wie sein Kopf war eine Art Brett angebracht. Einen Augenblick begriff er nicht, wozu es dienen mochte. Dann verstand er: es war zum Knien! Er hatte sich stets gerühmt, wie gut er klettern könne, aber jetzt schaffte er's kaum. Nirgends ein Halt für die Füße! Zweimal glitt er ab, ehe er das eine Knie hinaufbrachte. Nun auch noch den ganzen Körper nachzuziehen, war ein Kunststück, das fast über seine Kräfte ging. Immerhin brachte er endlich beide Knie hinauf; es war gerade Platz für zwei Knie – seine Beine hingen jedoch sehr unbequem hinunter, und der Rand

des Brettchens schnitt ihm in die Schienbeine. Er faltete die Hände und versuchte es zum letzten Mal: „Vater, vergib mir, ich habe gesündigt. Es ist meine erste Beichte!"

Im gleichen Augenblick wurde das Gitter beiseite gestoßen, und ein matter Lichtschimmer fiel in das kleine Abteil. Zuerst herrschte ein ungemütliches Schweigen, und dann fragte eine Stimme voller Unruhe: „Wer ist da?" Jackie merkte, daß er ganz unmöglich durch das Gitter sprechen konnte, da es sich auf gleicher Höhe mit seinen Knien befand. Doch die Leiste darüber konnte er mit festem Griff packen; nun ließ er den Kopf schräg nach unten hängen, und wie ein an den Füßen baumelnder Affe erblickte er, fast auf dem Kopf stehend, den Priester. Der Priester sah seitlich an ihm vorbei, und Jackie, dessen Knie qualvoll verrenkt wurden, wunderte sich über die merkwürdige Art, die Beichte abzunehmen.

„Ich bin's, Vater!" piepste er, und dann rasselte er vor Aufregung alles auf einmal herunter: „Vater, vergib mir, ich habe gesündigt, es ist meine erste Beichte!"

„Was?" rief eine tiefe, ärgerliche Stimme, und die Gestalt in der dunklen Soutane richtete sich kerzengerade auf und entschwand fast seinen Blicken. „Was soll das bedeuten? Was machst du denn da? Wer bist du?"

Jackie spürte, wie seine Hände sich nicht länger anklammern konnten und wie die Füße den Halt verloren. Er spürte, wie er ins Dunkel plumpste, und im Fallen schlug er mit dem Kopf gegen die Tür, die aufflog, so daß er nach draußen ins Kirchenschiff rollte. Sofort erschien ein kleiner dunkelhaariger Priester, der das Birett weit ins Gesicht gesetzt hatte. Und gleichzeitig stürmte Nora wutentbrannt durchs Schiff.

„Großer Gott!“ rief sie, „der rotznasige kleine Frechdachs!

Ich hab’s mir ja gleich gedacht! Ich hab ja gewußt, daß er mir Schande machen würde!“

Jackie bekam eine Ohrfeige, was ihn daran erinnerte, daß er seltsamerweise noch nicht zu weinen begonnen hatte und daß die Leute glauben konnten, er habe sich nicht weh getan. Nora ohrfeigte ihn wieder.

„Halt! Halt!“ rief der Priester. „Daß du mir das Kind nicht schlägst, du kleine Kröte!“

„Seinetwegen kann ich mein Bußgebet nicht sprechen“, rief Nora mit schriller Stimme und schielte den Priester empört an. „Er macht mich noch ganz verrückt. Hör auf zu schreien, du Drecksbengel! Hör auf zu schreien, oder ich hau dich, daß dir die Zähne aus deiner dreckigen Schnauze fliegen!“

„Scher dich schleunigst fort, du kleiner Zankteufel!“ schalt der Priester. Plötzlich fing er an zu lachen, holte ein Taschentuch hervor und putzte Jackie die Nase. „Es tut dir ja gar nichts weh, nein, ganz bestimmt nicht! Zeig mal den alten Brummschädel her!... I wo! Es ist gar nichts! Ist alles wieder gut, eh du ‘ne Frau bekommst. Du hast also beichten wollen?“

„Ja, Vater.“

„So ein großer Burschemann wie du hat sicher schreckliche Sünden begangen. Ist's deine erste Beichte?"

„Ja, Vater."

„Oje, das wird ja immer schlimmer! Da setz dich mal hin und warte, bis ich die paar Alten los bin, und dann können wir uns fein unterhalten! Sorg dich nicht wegen deiner Schwester!"

Mit dem Gefühl seiner eigenen Wichtigkeit, die aus seinem verheulten Gesicht strahlte, wartete er. Nora streckte ihm von weitem die Zunge heraus, aber er bemühte sich nicht, es zu erwidern. Eine großartige Erleichterung stieg in ihm auf. Die Niedergeschlagenheit, die ihn seit einer Woche bedrückt hatte, und der Gedanke, daß er eine sehr schlimme Beichte ablegen mußte, wichen ganz von ihm. Er hatte einen Freund gefunden, er hatte sich mit dem Priester angefreundet, und der Priester erwartete, ja er verlangte sogar ‚schreckliche Sünden' von ihm! Oh, die Frauen, die Frauen! Die Frauen und die Mädchen mit ihrem albernen Geschwätz! Was wußten die schon vom Leben!

Und als er an der Reihe war und beichten sollte, machte er keine Umschweife. Vielleicht verkrampfte er die Hände und schlug die Augen nieder – aber das hätte wohl jeder getan!

„Vater", sagte er heiser, „ich hab mir vorgenommen, meine Großmutter umzubringen!"

Einen Augenblick war alles still. Jackie wagte es

nicht, aufzublicken, doch er spürte, daß die Augen des Priesters auf ihm ruhten. Die Stimme des Priesters klang auch ein bißchen heiser.

„Deine Großmutter???“ fragte er – aber eigentlich klang es doch nicht gar so böse.

„Ja, Vater.“

„Wohnt sie bei euch?“

„Ja, Vater.“

„Und weshalb willst du sie umbringen?“

„Och je, Vater, ‘s ist eine scheußliche Frau!“

„Wirklich?“

„Bestimmt, Vater.“

„Wieso ist sie scheußlich?“

„Sie schnupft, Vater.“

„Meine Güte!“

„Und sie läuft barfuß umher, Vater!“

„Tz, tz, tz!“

„Sie ist eine ganz scheußliche Frau, Vater“, sagte Jackie plötzlich sehr ernst. „Sie trinkt Bier. Und sie nimmt sich die Kartoffeln mit den Fingern aus der Schüssel und ißt sie! Und meine Mutter ist meistens nicht zu Haus, weil sie auf Arbeit geht, und seit die da bei uns wohnt, kocht sie uns was, und der ihr Essen kann ich nicht runterkriegen!“ Auf einmal sprach er weinerlich weiter: „Und sie schenkt Nora Pennies, aber mir schenkt sie keine Pennies, weil sie weiß, ich kann sie nicht leiden. Und mein Vater hält zu ihr, Vater, und verhaut mich, und darum bin ich ganz furchtbar betrübt, und einen Abend im Bett hab ich's mir ausgedacht, wie ich sie umbringen könnte."

Beim Gedanken an all das ihm widerfahrene Unrecht begann Jackie wieder zu schluchzen und fuhr sich mit dem Ärmel über die Schniefnase.

„Und wie hast du sie denn umbringen wollen?" fragte der Priester milde.

„Mit der Hacke, Vater."

„Wenn sie im Bett liegt?"

„Nein, Vater"

„Wie denn dann?"

„Wenn sie Kartoffeln gegessen und Bier getrunken hat, Vater – dann schläft sie nämlich immer ein!"

„Und dann willst du sie erschlagen?"

„Ja, Vater."

„Ginge es nicht leichter mit einem Messer?"

„Ja, Vater – aber ich fürcht mich so vor dem Blut!"

„Ach ja, natürlich! An das Blut hab ich gar nicht gedacht!"

„Vor Blut fürcht ich mich, Vater! Mal hätt ich Nora beinah mit dem Brotmesser gestochen, weil sie unterm Tisch auf mich los wollte, aber ich hab mich gefürchtet!"

„Du bist ein entsetzliches Kind!" sagte der Priester respektvoll.

„Ja, Vater, das bin ich", sagte Jackie sachlich und schniefte seine Tränen hoch.

„Und was wolltest du mit der Leiche machen?"

„Wieso, Vater?"

„Jemand könnte sie doch sehen und es weitersagen?"

„Ich wollt sie mit dem Messer zerhacken und die Stücke fortschaffen und vergraben. Ich könnt eine Apfelsinenkiste für drei Cents bekommen und mir einen Karren draus basteln und alles fortschaffen!"

„Jemine", sagte der Priester, „du hast alles gut überlegt!"

„Ich hab's sogar geübt", sagte Jackie mit wachsendem Vertrauen. „Ich hab mir einen Karren geborgt und hab's eines Abends im Dunkeln geübt."

„Und hast du dich nicht gefürchtet?"

„N – nein", sagte Jackie lahm. „Bloß ein bißchen!"

„Du bist furchtbar mutig", sagte der Priester. „Ich kenne eine Menge Leute, die ich gern loswerden möchte, aber ich bin nicht wie du. Ich hätte nie soviel Mut! Und Gehängtwerden ist ein entsetzlicher Tod!"

„Wirklich?" fragte Jackie und ging begeistert auf das neue Thema ein.

„O ja, ein ganz gräßlicher Tod!"

„Haben Sie schon mal einen Gehängten gesehen?"

„Haufenweise! Und alle sind sie laut brüllend in den Tod gegangen."

„Oje", sagte Jackie.

„Sie baumeln stundenlang hin und her, und die armen Kerls zappeln und brüllen wie Glocken im Kirchturm, und zuletzt wird Kalk auf sie gestreut, damit sie verbrennen. Natürlich tun sie so, als ob sie tot wären, aber sie sind bestimmt noch lange nicht tot."

„Oje“, sagte Jackie.

„An deiner Stelle würde ich’s mir deshalb nochmal gut überlegen. Ich finde, es lohnt sich nicht – auch nicht, wenn man seine Großmutter loswerden will. Ich hab haufenweise Burschen wie dich gefragt, die ihre Großmutter umgebracht haben, und sie haben’s mir alle bestätigt: nein, es lohnt sich nicht!“

Nora wartete auf dem Kirchhof draußen. „Na?“ fragte sie.

„Was hat er dir als Bußübung aufgegeben?“

„Drei ‚Gegrüßt seist du, Maria‘!“

„Dann hast du ihm nicht alles gesagt!“

„Doch, ich hab ihm alles gesagt“, behauptete Jackie.

„Was hast du ihm denn erzählt?“

„Sachen, von denen du nichts verstehst.“

„Pah – er hat dir drei ‚Gegrüßt seist du, Maria!‘ gegeben, weil du eine Heulsuse bist!“

Jackie machte es nichts aus. Ihm gefiel das Leben wieder. Er begann zu pfeifen, sobald es das Hindernis in seiner Backentasche zuließ.

„Was lutschst du denn?“

„Bonbons!“

„Hat er sie dir gegeben?“

„Ja.“

„Gerechter Gott! rief Nora. „Was du für Glück hast! Ich sollte lieber auch solch Sünder wie du sein! Nützt ja doch nichts, wenn man brav ist.“ ♦